ANIMALS
That Make a Difference!

Birds
Aves

Ashley Lee

Explore other books at:
WWW.ENGAGEBOOKS.COM

VANCOUVER, B.C.

e WWW.ENGAGEBOOKS.COM

Birds: Level 1 Bilingual (English/Spanish) (Ingles/Español)
Animals That Make a Difference!
Lee, Ashley 1995 –
Text © 2021 Engage Books
Edited by: A.R. Roumanis
and Lauren Dick
Translated by: Juan Ortega Aliaga
Proofread by: Andrés Cordero

Text set in Arial Regular.
Chapter headings set in Arial Black.

FIRST EDITION / FIRST PRINTING

LIBRARY AND ARCHIVES CANADA CATALOGUING IN PUBLICATION

Title: Animals That Make a Difference: Birds Level 1 Bilingual (English / Spanish) (Ingles / Español)
Names: Lee, Ashley, author.

ISBN 978-1-77476-390-2 (hardcover)
ISBN 978-1-77476-389-6 (softcover)

Subjects:
LCSH: Birds—Juvenile literature
LCSH: Human-animal relationships—Juvenile literature

Classification: LCC RA644.C68 R682 2020 | DDC J614.5/92—DC23

Contents Contenidos

What Are Birds?
Qué son las aves?

Birds are animals with feathers and wings.

Las aves son animales con plumas y alas.

4

Most birds can fly.
La mayoría de las aves pueden volar.

What Do Birds Look Like?
Cómo se ven las aves?

The smallest birds are bee hummingbirds. They are only 2.4 inches (6 centimeters) long. The largest birds are ostriches. They can be up to 9 feet (2.7 meters) tall.

Las aves más pequeñas son los colibríes. Ellos son de apenas 2.4 pulgadas (6 centímetros) de largo. Las aves más grandes son las avestruces. Ellas pueden ser de hasta 9 pies de altura (2.7 metros).

Birds have two wings. They are covered in feathers.
Las aves tienen dos alas. Ellas están cubiertas de plumas.

Birds have a hard nose and mouth called a beak.

Las aves tienen una nariz dura y una boca llamada pico.

Birds have sharp nails called claws.

Las aves tienen uñas afiladas llamadas garras.

Where Do Birds Live?
Dónde viven las aves?

Birds live all over the world. They sleep in trees, logs, or under bushes.

Las aves viven en todo el mundo. Ellas duermen en árboles, troncos, o bajo los arbustos.

Kiwi birds are only found in New Zealand. Ceylon magpies live in Sri Lanka. Madagascar jacunas live on the coast of Madagascar.

A las aves llamadas Kiwi solo se las puede encontrar en Nueva Zelanda. Las urracas cingalesas viven en Sri Lanka. Las jacanas malgaches viven en la costa de Madagascar.

Arctic Ocean
Océano Ártico

Madagascar
Madagascar

Europe
Europa

Asia
Asia

Sri Lanka
Sri Lanka

Pacific Ocean
Océano Pacífico

Africa
África

Atlantic Ocean
Océano Atlántico

Australia
Australia

New Zealand
Nueva Zelanda

2,000 miles
2,000 millas

0

4,000 kilometers
0
4,000 kilómetros

N

Legend Leyenda
Land Tierra
Ocean Océano

Southern Ocean *Océano Antártico*

9

What Do Birds Eat?
Qué comen las aves?

Birds eat many different foods. Some birds eat seeds, fruit, or insects.

Las aves comen distintos tipos de alimentos. Algunas aves comen semillas, frutas, o insectos.

Larger birds will eat fish or small animals.

Las aves más grandes comen peces o pequeños animales.

How Do Birds Talk to Each Other?
Cómo se comunican las aves entre ellas?

Birds use special calls to find other birds, warn other birds of danger, or scare other animals away.

Las aves usan llamados especiales para encontrar a otras aves, advertir a otras aves del peligro, o para espantar a otros animales.

Some male birds do special dances to impress female birds.
Algunas aves macho hacen bailes especiales para impresionar a las aves hembras.

13

Bird Life Cycle
El ciclo de vida de una ave

Most female birds lay eggs in nests.
La mayoría de las aves hembra ponen huevos en nidos.

They sit on their eggs to keep them warm.
Ellas se sientan sobre los huevos para mantenerlos calientes.

Most baby birds hatch after 10 to 21 days. They usually leave home after a few weeks.

La mayoría de polluelos salen del cascarón de 10 a 21 días después. Ellos usualmente dejan el hogar después de pocas semanas.

Some birds live longer than others. Most finches live for 5 to 10 years. The Laysan albatross can live for more than 60 years.

Algunas aves viven más que otras. La mayoría de pinzones viven de 5 a 10 años. El albatros de Laysan puede vivir por más de 60 años.

Curious Facts About Birds

Some birds fly to areas with warmer weather in the winter. This is called migration.
Algunas aves vuelan a zonas con un clima cálido en el invierno. Esto es llamado migración.

Owls cannot move their eyes. Instead they can turn their heads in almost a complete circle.
Los búhos no pueden mover sus ojos. En cambio ellos pueden mover sus cabezas realizando casi una vuelta completa.

Parrots and ravens can learn to talk.
Los loros y los cuervos pueden aprender a hablar.

Datos curiosos acerca de las aves

People once used pigeons to carry messages across long distances.

Las personas alguna vez usaron palomas para llevar mensajes a largas distancias.

Birds have hollow bones. They are filled with pockets of air.

Las aves tienen huesos huecos. Ellos están llenos de bolsas de aire.

Over time, dinosaurs with feathers turned into birds.

Con el paso del tiempo, los dinosaurios con plumas se convirtieron en aves.

Kinds of Birds
Tipos de aves

There are more than 10,000 different kinds of birds. All birds walk on two legs. Chickens are the most common kind of bird.

Hay más de 10,000 tipos distintos de aves. Todas las aves caminan en dos patas. Los pollos son el tipo de ave más común.

Quetzal birds are brightly colored. Some quetzals have tails that are longer than their bodies.

Las aves quetzales son de color brillante. Algunos quetzales tienen colas que son más largas que sus cuerpos.

Penguins cannot fly. They use their wings to help them swim underwater.

Los pingüinos no pueden volar. Ellos usan sus alas para ayudarse a nadar debajo del agua.

Emus can run up to 30 miles (50 kilometers) per hour.

Los emús pueden correr hasta 30 millas (50 kilómetros) por hora.

How Birds Help Earth

Cómo las aves ayudan al planeta

Birds eat many seeds. These seeds come out in their poop. Bird poop helps the seeds grow into new plants.

Las aves comen muchas semillas. Estas semillas salen con su estiércol. El estiércol de ave ayuda a las semillas a crecer y convertirse en plantas.

Some birds help plants make new seeds. They bring pollen from male plants to female plants. The female plants can then make seeds. This is called pollination.

Algunas aves ayudan a las plantas a producir más semillas. Ellas traen el polen de las plantas macho hacia las plantas hembra. Es entonces que las plantas hembras pueden producir semillas. Esto es llamado polinización.

How Birds Help
Other Animals
Cómo las aves ayudan
a otros animales

Some birds eat bugs that
harm other animals.
Algunas aves comen
insectos que dañan a
otros animales.

Oxpeckers sit on the backs of zebras, giraffes, and buffalo. They eat bugs called ticks that eat other animals' blood.

Los picabueyes reposan en las espaldas de las cebras, jirafas, y búfalo. Ellas comen insectos llamados garrapatas que se alimentan de la sangre de los animales.

How Birds Help Humans
Cómo las aves ayudan a los humanos

Veery birds will leave an area if a hurricane is on the way. Hurricanes are strong storms that create strong winds and heavy rain.

Las aves zorzales abandonan una zona si es que se aproxima un huracán. Los huracanes son fuertes tormentas que crean un viento poderoso y fuertes lluvias.

Scientists study veeries so they know when a bad hurricane is going to hit an area.

Los científicos estudian a los zorzales para conocer cuando un peligroso huracán golpeara un lugar.

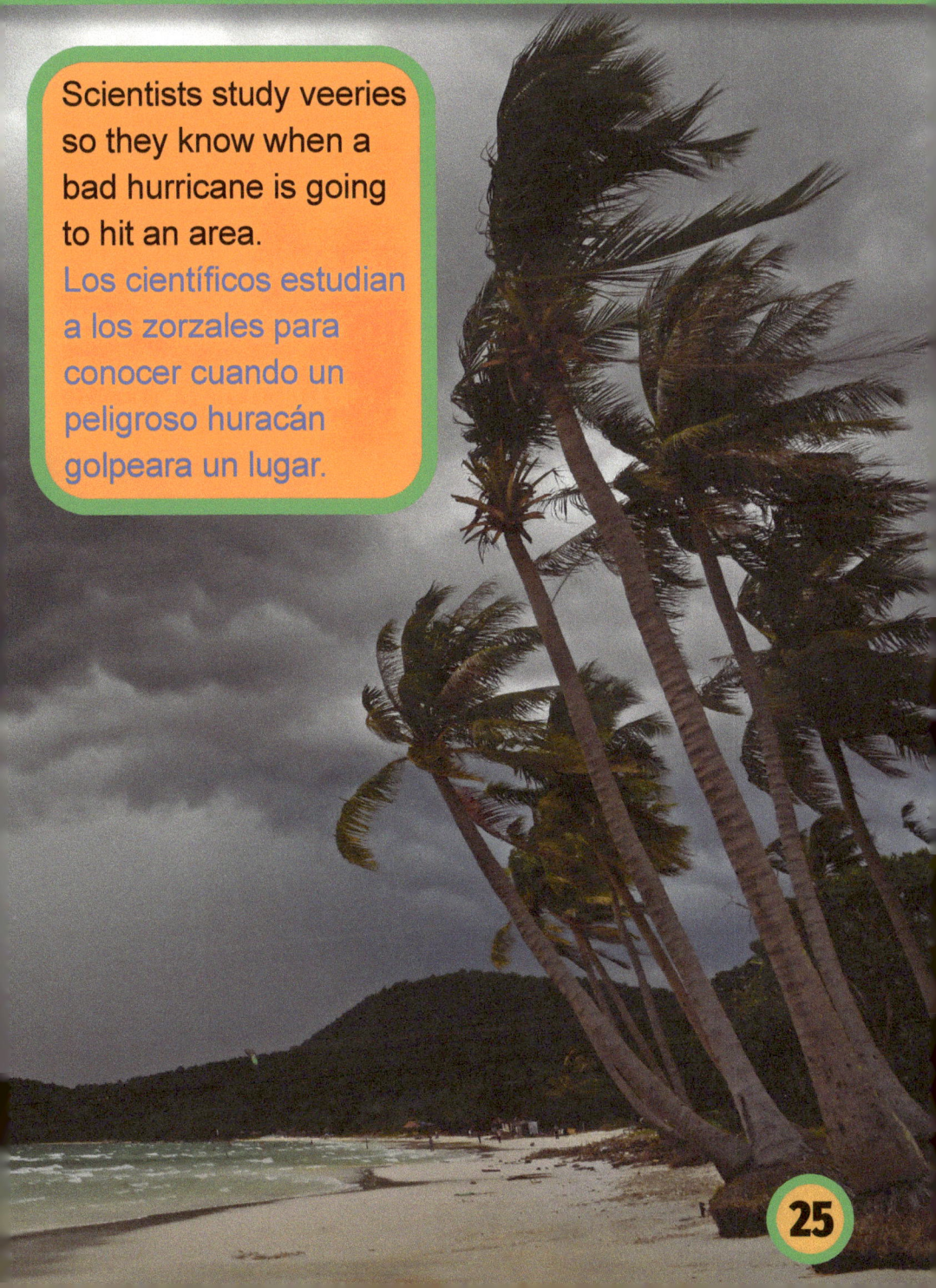

Birds in Danger
Aves en peligro

Some birds have gone extinct. This means there are no more of them left.

Algunas aves se han extinguido. Esto significa que ya no hay ni una de ellas.

The Alagoas foliage-gleaner became extinct in 2018. People destroyed their forests in Brazil.

El espigador de follaje de Alagoas se extinguió en 2018. Las personas destruyeron sus bosques en Brasil.

Some birds are endangered. This means they may soon go extinct.

Algunas aves están en peligro de extinción. Esto significa que pronto se pueden extinguir.

The kakapo is also called the owl parrot. They cannot fly and are an easy meal for other hungry animals.

El Kakapo es también llamado el loro búho. Ellos no pueden volar y son una presa fácil para otros animales hambrientos.

27

How To Help Birds
Cómo ayudar a las aves

Many birds get trapped in pieces of garbage. They also try to eat garbage. This can hurt them.

Muchas aves quedan atrapadas en pedazos de basura. Ellas también tratan de comer basura. Esto las puede dañar.

Many people are organizing garbage clean-ups in their neighbourhoods. This can help keep birds safe.

Muchas personas están organizando limpiezas de desperdicios en sus vecindarios. Esto puede ayudar a mantener a las aves a salvo.

Quiz
Cuestionario

Test your knowledge of birds by answering the following questions. The questions are based on what you have read in this book. The answers are listed on the bottom of the next page.

Pon a prueba tu conocimiento sobre las aves respondiendo las siguientes preguntas. Las preguntas están basadas en lo que leíste en este libro. Las respuestas están listadas al final de la siguiente página.

1

Where do birds sleep?
Dónde duermen las aves?

2

What do some male birds do to impress female birds?
Qué hacen algunas aves macho para impresionar a las aves hembra?

3

Why do most female birds sit on their eggs?
Por qué la mayoría de aves hembra se sientan sobre sus huevos?

4

What two birds can learn to talk?
Cuáles son las dos aves que pueden aprender a hablar?

5

What is the most common kind of bird?
Cuál es el tipo más común de ave?

6

What do oxpeckers eat?
Qué comen los picabueyes?

Explore other books in the Animals That Make a Difference series.

Bees

Bats

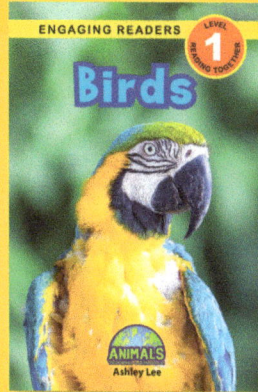
Birds

Dolphins

Horses

Ladybugs

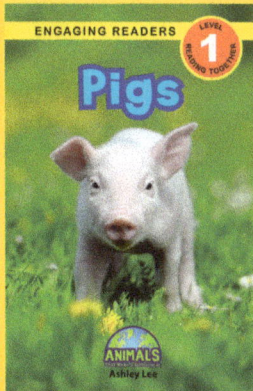
Pigs

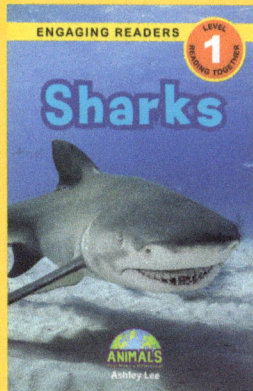
Sharks

Squirrels

Visit www.engagebooks.com to explore more Engaging Readers.

Answers:
1. In trees, logs, or bushes 2. Special dances 3. To keep them warm 4. Parrots and ravens 5. Chickens 6. Ticks

Respuestas:
1. En árboles, troncos, o arbustos 2. Bailes especiales 3. Para mantenerlos abrigados 4. Loros y cuervos 5. Pollos 6. Garrapatas